# HORSE GROOMING
## BILINGUAL MANUAL
### English

## MANUAL BILINGÜE PARA
# CUIDADORES DE CABALLOS
### Español

**Copyright © 2010 *Bilingual World Corp.***
**ISBN-13: 978-0615573892**

*All rights reserved.*
*No part of this book may be duplicated, modified, or distributed in any form by any means without a written permission from the copyright holder. All content is protected by U.S. and international copyright laws.*

*If you have any questions please contact us at*

*bilingualworldcontact@gmail.com*

**Translated by Lili Nicenboim**
*Cover illustration by Marsha Lederman*

To

    My daughters and my husband.

                    With all my love.

A

    Mis hijas y a mi esposo.

                    Con todo mi amor.

**Acknowledgement:**
To Ted Landers, who supported this project from the start.

A Ted Landers, quien apoyó este proyecto desde el comienzo.

# ENGLISH

**CHAPTER 1:**
What is "grooming"- Daily routine and tools - Mucking and cleaning the stall.　　　　　　　　　　　　　　　　　　　　　　　　p. 5

**CHAPTER 2:**
Conformation – Health and vital signs – Common disorder: Colic- Vision and Eyesight – Ears – Teeth care; floating –Cleaning and bathing.　　　　　　　　　　　　　　　　　　　　　　　　　　p. 7

**CHAPTER 3:**
Legs. Ligaments and tendons – Bones -Unsoundness: Laminitis/founder, splint, ringbones. Pulled muscles /tying up. Lameness – Foot/ hoof: parts-Thrush and cracks. Dressings and polishing. Cleaning and picking.　　　　　　　　　　　　　p. 12

**CHAPTER 4:**
Controlling the horse: Halter, bridle, and nosebands. Saddle. Behavior of a horse. Helping your horse back on its feet. Transportation of a horse.　　　　　　　　　　　　　　　　p. 16

**CHAPTER 5:**
Safety in the barn - Fire extinguishers. Equine first aid kit.　　p .19

**CHAPTER 6:**
Bandages, the most popular ones. Standing and Polo bandages. Why to put them and how. Clipping and trimming.　　　　　　p. 21

**CHAPTER 7:**
Tips for good performance when grooming.　　　　　　　p. 23

**CHAPTER 8:**
Horse body parts.　　　　　　　　　　　　　　　　　　　p. 25

\*\*

## CHAPTER 1: What is "grooming" – Daily routine and tools – Mucking and cleaning the stall.

<u>Grooming</u> is an activity that is enjoyable for both you and your horse. It is also a good opportunity to check for injuries and irritations. Try to make grooming a daily habit. It is an absolute must before riding. Grit beneath the saddle will be uncomfortable for your horse and could cause sores. Start from the left or right of your horse and cover the whole horse.

Have your grooming tools arranged in a safe convenient place. A wide bucket may be cheapest and easiest to put your brushes in and keep your tools organized and handy than one of those grooming boxes on the market.

**You will need:**
- A curry comb or grooming mitt.
- A body brush with fairly stiff bristles.
- A mane and tail comb. Plastic causes less breakage than metal ones.
- A fine soft bristled finishing brush.
- A hoof- pick.
- A clean sponge or soft cloth.

**Good to have:**
- Grooming spray.
- Hoof ointment if recommended by your farrier.
- Scissors or clippers.

*Do not place your bucket or box too close to your horse where he could knock it over, or where you might trip over it as you move around your horse. Also have your horse securely and safely tied.

**Sequence:**
1. Organize your tools and secure your horse
2. Clean your horse's hooves
3. Curry your horse
4. Comb out the tangles from the mane and tail
5. Use the body brush to whisk away dirt
6. Use the finishing brush
7. Clean the ears, eyes, muzzle and dock area
8. Apply finishing touches

<u>**Daily routine upon entering the stall:**</u>
1. Check your horse's appearance:

- How and where is he standing? Where is level of the neck? Up or down? Check the eyes, nose, ears, and tail. Is there anything different for this horse?
2. Is he coughing or has running nose?
3. Check the manure to see if it is normal for this particular horse.
4. Check the feed cub and water: Is it empty or there is food left?
5. Check the stall. Is the bedding normal after a night sleep?
6. Remove bandages and check the legs for swelling, heat, or increased pulse
7. Pick the feet for foreign bodies; check the shoes to be sure they are tight
8. Take temperature, check resting heart rate, respiratory rate and hydration rate – Normal: pulse: 28-44 per minute, respiratory rate: 12-20 p/m, rectal temp: 99.05-101.5 F. The <u>skin</u> must come back in less than 2 seconds.

**Mucking**

Keeping the stall clean requires special attention. The horse needs dry and clean bedding; there is nothing worst for the foot than the ammonia from urine. Stall cleaning should be a daily task.

If your horse lives in a stall for any part of his day, you will have to keep it clean. Unclean stalls attract insects and could promote hoof problems like thrush. Breathing ammonia from urine saturated bedding can be harmful to your horse's sensitive lungs. The average horse urinates 5/6 times each day and defecates 2/3 times. The majority of waste is eliminated 30-45 minutes after eating, which usually occurs twice a day. This means that a horse's stall should be cleaned at least twice, in the mornings and evenings after a feeding.

**Here's How:**
1. **Dress for the Job:** Dress in appropriate clothing. Gloves can avoid blisters. Change into work or rubber boots.
2. **Clear the Work Area:** Take your horse out of the stall. A good time to muck out is when your horse is in his pasture. If you can't put him out, put him in an empty stall. Remove all the feed tubs, water buckets and stall toys.
3. **Assemble Your Tools:** Get your cleaning tools and place your wheelbarrow or cart close to the stall door facing in the direction you will want to go when the barrow is full. It's easier to handle an empty wheelbarrow.
4. **Dig In:** If the stall is bedded with straw, use a pitchfork to remove manure and wet or soiled bedding. Fork the manure into the wheelbarrow or cart.
5. **Head for the Manure Pile:** Wheel the filled barrow and dump out the contents in the manure pile.

6. **Do a Thorough Job:** Scrape the unsoiled bedding to one side, and check that there is not wet or soiled bedding hiding underneath. Use the shovel to scrape up remnants of bedding and the broom to sweep it clean.
7. **Even the Surface:** Spread the cleaner bedding back over the whole stall area and distribute it evenly.
8. **Add Clean Bedding:** Add new bedding to replace any that has been removed. Fluff it with a pitchfork.
9. **Keep Alleys and Doors Clear:** After you are done cleaning and bedding the stall, sweep up spilled straw or shavings in alleys and doorways.
10. **Put all the tools away** where they will not cause a tripping hazard. Clean them.
11. **Replace feed tubs, buckets and toys** so the stall will be ready for your horse when he comes in.

**Tips**
- The smell can linger in your clothes and hair so if you are going somewhere after, wear overalls and a hat.
- Disturbing a bed fills the air with dust and mould spores. Allergy and asthma suffers should wear a dust mask and overalls.
- Traditionally bedding is banked (heaped against the walls) to help stop the horse becoming cast (trapped against the wall).

\*\*

## **CHAPTER 2:**

Conformation – Health and vital signs – Common disorder: colic- Vision and Eyesight – Ears – Teeth; floating –Cleaning and bathing.

**Conformation, body and legs:** What is good conformation? - Balance

*Conformation* evaluates the degree of correctness of a horse's bone structure, musculature, and its body proportions in relation to each other. Although a horse's basic body conformation will vary by breed, all horses should have basic physical structural attributes. A horse's conformation determines how well it can perform the functions asked of it.

**Aspects of conformation**
- straight legs or crooked legs, the length of the bones, the angles of the joints, the proportions and overall balance of the horse, desired muscling, length of neck and back, straightness of the top line and croup

To judge a horse's conformation you will evaluate the horse at a standstill and while in motion.

The fore and hind legs should be evaluated for:
- straightness
- correct angles (hands 47° to 53° & legs 54° to 60°)
- slope
- muscling
- proportion

The pelvis and croup are evaluated for:
- symmetry
- length
- straightness

The head and neck are evaluated for:
- normal balance
- appropriate length
- curvature
- the teeth and bite

**Legs set**
    Proper leg set is essential to robustness and good action. A leg should be properly situated under each corner of the body; knees and hocks should not deviate inward or outward, and feet should point straight forward. If a horse stands straight, he will probably move straight.
    The horse's height or overall limb length is measured from the point of withers to the ground. It should be equal to the length of the horse's body which is measured from the point of the shoulder to the point of buttock. A horse with a body a great deal longer than its height often experiences difficulty in synchronization and coordination of movement. When viewing a horse overall, the right side of the horse should be symmetric to the left side. Although horses with imperfect balance have become great performers, in general a balanced horse is a better performer and has a better chance of staying sound.

Ideal conformation, profile.

**Health and Vital Signs -   Signs of health and sickness in a horse.**
    *Any major change in her/his usual behavior might call your attention*
**Health:**
- ❖ *Appearance and attitude:* a healthy horse is alert and bright-eyed. If she/he is nervous or unwilling to move, she/he may be sick.
- ❖ *Hydration:* pinch the coat. Has to come back to normal in less than 2 sec.

- *Appetite:* losing the desire to eat, eating unusual things like dirt or hair, or leaving too much food, are signs that something is wrong
- *Temperature:* normal is 99.5° to 101.5°
- *Respiration:* Normal is from 8 to 16 times per minute when she is relaxed.
- *Pulse:* It is taken at the artery inside and underneath the jawbone or in the digital artery at the back of the pastern. Normal is 30/40 beats per minute
- *Gum* pink and shiny
- *Manure:* should look normal in color, consistency, and amount for that horse

**Signs of Sickness**
- Lack of appetite
- Depression
- Unusual posture
- Abundant discharge from nose or eyes
- Lack or change in the manure
- Messy bed
- Anxiety, stress, or pain
- Behaves differently, casts, rolls, paws, or kicks
- Sweating when calm

*What to do:* Be prepared for emergencies
- Have a cell phone at hand. Do not use it for personal calls during work hours.
- Keep the vet's phone number and directions to the closest clinic at hand.
- Keep a first aid kit at hand. Ask your vet about it.

## Common Disorder: COLIC

"Colic" is used to describe any type of severe pain in the digestive tract. It is the major cause of the death in horses. The very mention of the word strikes fear in most horse owners. The horse has a fairly small stomach for its size (8-15 liters). **Colic** usually resolves fairly easily with appropriate treatment, although it is essential to ensure that there is no underlying reason for the problem.

*Causes:* When
- Have small stomach
- Unable to vomit
- Not fed timely
- Drink insufficient water

- Are over fed (too much food)
- Get sudden change in diet
- Unable to chew food
- Eat dirty food
- Infested with worms
- Have twisted intestine

*Symptoms:*
- Rolls
- Paws constantly
- Lies down and gets up frequently
- Turns head to rear
- Curls upper lip constantly
- Kicks stomach with hind leg
- Stands in a stretched position
- Unable to pass manure
- Profuse sweating
- Breaths rapidly

*Treatment:*
1) Call veterinarian
2) Walk your horse for 10 minute sessions
3) Do not feed until fully recovered

**Vision and eyesight: Some facts**

- The horse's eyes are placed on the sides of its head. Horses see nearly a full circle around them; they do have a small blind spot in front of their noses and another one just behind their hindquarters.
- What a horse sees with one eye is called "monocular" vision: he can see different things out of each eye. Yet horses also have the ability to focus on a given object with both eyes. Using "binocular" vision, in which both eyes work together, horses can zero in on a selected point or object
- It take them some time to adjust eyesight to a dark stall/trailer/building
- Although horses do have blind spots, a tiny shift of the head is enough to bring these areas into view.
- Horses must lower their head to see faraway and they have to raise it to see close objects
- Horses are able to detect some colors; they are probably "colorblind" in the sense that they may not see as many colors as we do. Some experiments strongly indicate that horses have red/green deficiencies.

**Ears**

Horse's ears do not just hear things; they express emotions that can alert us to all sorts of things happening around the horse, with the way it feels, and even keeps yourself and others safe. He could be: interested, relaxed, angry, cautious, and attentive.
- *Pinned Ears:* The horse is angry, ready to fight. When working with your horse, he may pin his ears back if you ask him do something that he doesn't want to do; he might also lash out.
- *Titled Ears:* Something is bothering.
- *Each ear toward different directions*: your horse if listening.
- *Forward Ears:* it could mean two things: One, he is in a friendly mood. However, most of the times when a horse's ears are pecked forward it is a sign of danger: be on guard.

**Teeth care; floating**

Floating means to smooth your horse's teeth with a file, called a "float. Unlike your own teeth, your horse's teeth keep growing. At times, your horse's teeth may develop sharp edges, making it difficult for her to chew food or simply hold a bit. One sign that your horse's teeth may need to be floated is if she is consistently dropping food from her mouth and you start seeing signs of weight loss. Your horse may also exhibit behavior like head-tossing, undigested food particles in manure, excessive salivation, or opening her mouth frequently. Make it a routine to check her/his teeth. The horse's front teeth cut hay and grass, while the top and bottom cheek teeth grind the forage before swallowing which helps it to be digested better.

*How often* floating is necessary varies quite a bit from one horse to another. The dentist will decide upon this frequency. So,
1. Move the horse into a corner of the barn
2. An assistant will pull the tongue to wash it
3. The dentist will float the sharp ends in the inner and outer sides of the upper and lower molars.
4. Rinse with warm water

The whole procedure is quick and painless - taking about 15 to 20 minutes to complete. Unlike us, a horse's nerves end close to the gum line, so there is no nerve where the tooth is being worked on, and therefore does not feel any nerve pain. Note: Sometimes it could be necessary to twist the lip for a better control of the horse. Once they get use to the floating, it would be easier. *Still, it has to be done by a professional.* Male horses have 40 teeth, while mares have only 36, as they lack of canines. There are 3 molars and the rear end and 3 premolars in front of them. Six on each side, both up and down, make 24. The 12 incises (6 up and 6 down) at the front to cut the grass and food, make the 36.

*Teeth*:
- Start growing when they are 10 days.
- At the age of two it is all out
- At the age of three, permanent teeth start growing
- At the age of 5, permanent teeth are all out

## Cleaning and bathing the horse

Horses can be bathed by being wet down with a garden hose or by being sponged off. Horses are often hosed off with water after a heavy workout as part of the cooling down process, and are often given baths prior to a horse show to remove every possible speck of dirt. They must be trained to accept bathing, as a hose and running water are strange objects and initially may scare a horse. The person holding the horse and the one bathing it must be on the same side of the horse for better control.

*First*: Wash eyes and nostrils with a sponge with just water. Use different ends of it to avoid infecting both sides/eyes if there is a problem. Clean the mouth and the ears, too.

*Then*: Go from the head to the rear of the horse, down its back. Wash and clean thoroughly the tail and between its legs. Start near the legs, being careful to point the hose at a downward angle. When spraying the body, be sure to angle the hose so that water doesn't hit the horse in the face. Either horse or human shampoo may be safely used on a horse, if thoroughly rinsed out, and cream rinses or hair conditioners, similar to those used by humans, are often used on show horses. Too-frequent shampooing can strip the hair coat of natural oils and cause it to dry out. Though horses in heavy work, such as racehorses, may be rinsed off after their daily workout, it is generally not advisable to shampoo a horse more than once a week.

*Last*: Go to the other side and repeat everything but the tail and between the hind legs. Rinse with clean water and dry. Place a quilt over it and walk it until completely dry.

*Reason for a bath:*
- Keep a healthy coat
- Dry the sweat
- Clean out the dirt
- Prevent tying up
- Cool the horse down

*Materials:*
- 2 buckets, one with shampoo and another one with clean water
- A sponge
- A sweat scraper
- Blankets

**

## CHAPTER 3:
**Legs. Ligaments and tendons – Bones -Unsoundness: Laminitis/founder, splint, ringbones. Pulled muscles and tying up. Lameness – Foot/ hoof: parts- Thrush and cracks-Dressings and polishing. Cleaning and picking.**

### Legs. Ligaments and tendons – Bones
*Cocked leg*: When a horse is relaxed and calm he will cock one of his legs. He does this to take the weight of one of the legs and he will often shift the weight to the other leg after a while. Horses often cock their legs when someone is grooming them because grooming relaxes a horse.

Bones
A. Coffin Bone
B. Navicular Bone
C. Short Pastern Bone
D. Long Pastern Bone
E. Sesamoid Bone
F. Cannon Bone

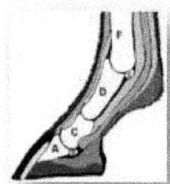

- **Ligament:** tissue joining two bones. Ligaments do not stretch with the exception of the suspensor.

- **Tendon:** tissue joining a muscle to bones. There are three in each front leg: *the extensor*, running along the front, to extend the leg, and along the back of the front leg there are *the deep flexor* and *superficial flexor*, to contract it.

### Unsoundness of the leg
- **Laminitis and founder**: is an inflammation of the laminae. It often occurs in more than one leg and the horse will rest his weight on the others. The laminae secures the coffin bone to the hoof wall. In advanced laminitis, the coffin bone becomes detached from the wall and may rotate or sink. In lay terms, this is known as "founder," from the maritime term meaning *to sink*.
  *Treatment*: The cause has to be found and solved. The Vet should provide medicine to relieve blood pressure and pain. Rest is mandatory.
- **Splints** are bony deposits that appear on the upper inside border of the front cannon. They seldom cause lameness, but occasionally a "high" splint may interfere with the action of the knee and cause unsoundness. Young horses stressed by playing or training may "blow" a splint. If lameness persists, a veterinarian should treat splints. Splints are not so easy to identify, and have much more serious health and soundness consequences. Horses over the age of 5 years rarely develop new splints because the connection between the splint bones and cannon becomes a much more solid fusion.

*Signs of splints*: The lameness is more obvious while the horse is trotting, working, or soon thereafter. Lameness may come and go or be present constantly for as long as a year. If you explore up and down along the cannon bone, the horse will flinch when the portion of the ligament undergoing ossification is touched.
- **Tendinitis** is an inflammation of the tendon. *Sign*: the back part of the front leg is swelled. Requires immediate attention.
- **Bowed tendons** are apparent by a thickening of the back surface of the leg immediately above the fetlock. One or more tendons or ligaments may be affected, but those commonly involved are the *superficial flexor, deep flexor, and suspensor ligament* of one or both front legs.

## Horse's legs: some abnormalities

**Forging-** This is a defect of the trotting gait in which the toe of the hind foot overtakes and strikes the bottom of the front foot of the same side at the moment the front foot is starting flight.

**Scalping-** The toe of the front foot hits the hairline at the coronary band or above on the hind foot of the same side.

**Toe In (Pigeon toed)** This is a position of the feet in which toes point toward one another when viewed from the front.

**Interfering-** This is a fault of gait that causes the horses to strike any part of the inside of one limb with the inside of the foot or shoe of the opposite foot.

## The Muscles: Tying up/pulled muscle

*Tying up* refers to muscle stiffness and pain after exercise. Tying up can occur as an isolated event or be a recurrent problem. To understand and correctly treat or prevent *tying up* you need to know the causes. The causes of each are very different. Sporadic *tying up* is due to a temporary problem in muscle cells caused by fatigue, heat exhaustion or electrolyte imbalance, and can occur in any breed. Chronic *tying up* is an inherited problem.

***Pulled* mu*scle*** is a muscle that has gotten over stressed and tore some cells causing one of the most **severe pains** that can be caused in the body. The more cells that are torn the more severe the pain is. A **pulled muscle** heals slowly and is hard to get it to heal. A ***Pulled muscle*** happens usually when you strain a muscle and give it a jerk to get a quick move, putting more strain on the cells than they can stand.

If you think your horse is tying up, act promptly.

*Symptoms:*
- Lameness, altered gait, like dragging a leg
- Dark coffee colored urine
- Pain

- Profuse sweating
- Difficulty moving

*Prevention*:
- Keep your horse relaxed before training so blood flows normally.
- Remove as much carbohydrates as possible and increase fats
- Provide tranquilizers or muscle relaxants
- Bring a pet to the stall: a dog or a goat
- Cut a window to see outside or from one stall to another

*Treatment:*
1. Needs rest. Must remain on his feet
2. Drink abundant water to flush the kidney of waste
3. Change diet: avoid carbohydrates and increase fats
4. If stiffness has disappear, make him walk slowly, next day
5. Use BUTE, a known tranquilizer to help him relax

**Lameness**

*This is the major problem that affects the racing potential performance, and ultimately, the life of a horse.*

A common cause of lameness is the horse's faulty conformation. Other causes include hoof imbalance from poor shoeing, neurological illnesses, thrush, founder, and nails' punctures, not treated promptly. Even a horse with almost perfect conformation is susceptible to lameness at the racetrack. Splints usually occur in horses 2 to 5 years old. There are several signs that indicate that a horse might have a possible problem with lameness. Paying close attention to the horse, the groom will be able to recognize these symptoms. They can be detected by manual examination when the bandages are taken off.

*Signs:*
- Heat in a portion of the leg
- Swelling of the leg or just part of it
- Increased pulse
- Check how he stands in the stall
- If his heads favors one side when walking

**Hock problems**

The hock joint actually consists of several joints; the top joint being the largest and where most of the flexion occurs. It is analogous to our ankle joint. Problems involving hock soundness horses seem to be on the increase. Watch in a horse that consistently lifts all the weight off of the same hind when stopped. At any time a problem in this area is suspected, do not wait, and get a veterinarian exam immediately. If the lameness can be isolated to the hock area through a flexion test, get xrays done to first be aware if it is a case of a hard tissue problem and / or soft tissue to get the correct treatment.

## Foot/ hoof: parts - Thrush and cracks - Dressing and polishing - Cleaning and picking.

*The hoof:* **"There is no horse if there is no hoof"**
The hoof has three main parts:
- **The wall:** carries the horse's weight. It grows down of the crown. It is external.
- **The sole:** protects the hoof. It is very thin and delicate. We must be careful with it.
- **The frog:** It is triangular in shape; it works as a cushion and pumps blood up the horse's leg each time the frog makes contact with the ground. It is important to keep the frog clean from dirt and manure to prevent problems with the foot.

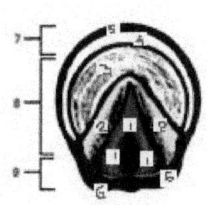

1. Frog
2. Bars
3. Sole
4. White Line
5. Hoof Wall
6. Bulbs
7. Toe
8. Quarter
9. Heel

Bottom of the hoof

**Cleaning and picking**

The clean, picked hoof allows for better inspection for injuries. Lack of hoof care can result in various problems, which if unattended, can result in short or long-term soundness issues for the horse. When the hoof is cleaned, it can be visually inspected for problems such as *puncture or wounds* due to a nail. Most horse management guidelines recommend picking the feet daily, and in many cases, the feet are picked twice in one day, both before and after a ride. The most essential form of hoof care is cleaning or *picking out* the feet. A hoof pick is used to get rid of mud, manure, and rocks from the sole of the hoof to prevent thrush, a common hoof ailment which in very severe cases may cause lameness. In the winter, hoof picking also provides the chance to remove packs of snow from the horse's hooves, which can cause uncomfortable "snowballs" and lameness. If it smells, it means thrush is hiding there. You have to clean the hoof thoroughly and apply a thrush relief gel on the bottom of the hoof. Check the horse shoes and make sure the nails have not loosened up.

## Hoof cracks

*Prevention:*
- Add vitamins to the horse's diet
- Call the Vet or farrier to check on the horse at any signs of lameness

*Sign*:
- When hoof cracks extend upward to or near the hairline, lameness often results. When well established, the condition is difficult to arrest and cure. It can be prevented in most hooves by proper trimming and shoeing before it becomes serious.

*Treatment*:
- Burn a transversal mark as deep as the one you see to avoid the crack's way down and stop it from getting worse.
- Apply an ointment to encourage hoof growth.

## Thrush

**Thrush** is a bacterial infection with foul smell affecting the frog of the foot.

*Causes:* Wet, dirty stalls / feet. Poor trimming/poor shoeing preventing the frog to perform its natural function of absorbing impacts on the ground.

*Symptoms:* foul smell, black color, soft frog. Later, the frog might feel hot and be tender or you could see lameness.

*Treatment:*
1. Clean the cleft of the frog with a stiff brush and plenty of soap and water
2. Remove degenerated tissue
3. Remove the shoes and rasp down the heels an walls to regain frog pressure
4. Pack the cleft with tincture of iodine
5. Improve cleanness of stalls and feet

## Dressings and polishing

Hoof dressing is a liquid substance used on the hooves to improve their moisture, which in turn helps prevent hoof cracks, lost shoes, tender feet, and other common hoof problems. Polish for hooves is used for show purposes.

\*\*

**CHAPTER 4: Controlling your horse: Halter, bridle, and nosebands. Saddle- Behavior of a horse - Helping your horse back on its foot. Transportation of a horse.**

**Controlling your horse : Bridle and halter:** Horse halters are sometimes confused with a bridle. The primary difference between a halter and a bridle is that a halter is used by a handler on the ground to lead or tie up an animal, but a bridle is generally used by a person who is riding or driving an animal that has been trained in this use. A halter is safer than a bridle for tying, as the bit of a bridle may injure the horse's mouth if the horse sets back while tied with a bridle, and in addition, many bridles are made of lighter materials and will break. On the other hand, a bridle offers more precise control over the horse. The bridle should be adjusted so as not to make the horse "smile" nor make the bit fall out.

## Nosebands
There are different kinds of nosebands. The *shadow roll* is used to prevent the horse see beneath is head and get distracted or scared.

## Saddle
All tack should be cleaned after use. The saddle pad, girth, and girth cover should be washed regularly so as not to extend bacteria, and all detergent rinsed out thoroughly not to irritate the horse's skin.

## Saddling tips; follow these instructions
- Make sure your horse is safely tied.
- Make sure that the back of the horse is absolutely clean and nothing can hurt him.
- From the left side, secure the saddle pad in place, just where the withers sliding it back to flat the hair down
- Place the saddle, lifting it carefully onto the horse's back and secure the cinches slowly/fasten the girth straps making sure the stirrups are well placed
- Let the air circulate between the girth and the horse
- Lift the horse's legs to loosen any pinched or wrinkled skin.
- Walk the horse to relax it.
- Tighten the cinch/girth again to make sure it's secure.
- Adjust stirrups to your height.

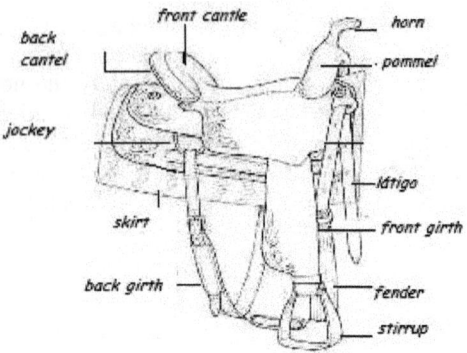

## Behavior of a horse

*Instincts of the horse*
1. To avoid being killed
2. To be nourished
3. To be warm and comfortable
4. To reproduce
5. To keep offspring safe
6. To communicate

- **Basic needs are:** safety shelter, comfort space, food and water, and companionship.
- Reward your horse for a job well done. Petting your horse, especially on the withers, is the best reward: you can do it from the ground and while on the horse, too. Neither bribing with food nor punishing are advisable. That's not discipline. *A happy horse is a better performer.*
- Communication is the best tool in the relationship with your horse. Show him you are in charge. Do not release the pressure from your indication until he responds as desired, if so, you will have taught him that your cue means 'do nothing' or 'do the wrong thing'. If you just stick in there and show your horse that you have more patience than him by steadily applying the cue until the desired result is met, he will soon learn that you are in charge.
- Ignore his bad behavior. Distract his attention.
- Be always calm, the horse will follow your example.

## Helping Your Horse Back on its Foot

If you see your horse cast in a stall do not panic; doing this will only cause your horse to become anxious along with you which increase their risk of injury. A horse may lie too close to a wall or roll in such a way that they end up in a position where they cannot stand up again.

Sometimes, they roll and end cast trying to get rid of pain, like colic.

Pulling the horses head away from the wall with the halter will generally allow them to free their feet enough to get them back under themselves. If you have to, you can pull the tail to help drag the hind feet away from the wall. There may be situations where a horse is so tight that their backs are against the wall literally. A calm horse is easy in these situations since all you have to do is grab the leg that is closest to the wall and roll the horse over to help them regain their footing. A horse will want to get up immediately once they are free and they may act exuberantly by bucking and kicking. Therefore you should make sure you are on the right side of the stall for a fast exit after the horse is free. A colicky horse may not want to move even after being freed so you may have to give them a few taps of encouragement on their back. Check for abrasions once the horse is on their feet and calm again. To make sure the horse has not injured themselves you should walk them around a bit.

**Transportation of a horse** *Make your trailer look inviting to your horse.* Horses are fundamentally claustrophobic and will rarely, if ever, walk into a small dark space. If you have a loading ramp, lower it and sprinkle some bedding over it to make it seem more familiar to your horse. Open wide all other doors and windows to let in as much light as possible. Groom him, halter him in a breakaway-style halter with a protective head bumper, protect his legs with shipping boots. Blanket him if appropriate, keeping in mind that it could be significantly warmer in your trailer than it is outside. Be sure to stay calm throughout the process, as your horse will pick up on any stress. Make sure that you have horse documentation, a first aid kit for humans and horses, a cell phone, a torch, as well as water and food for both parties. Ensure all equipment is stored within easy access.
1. Place all the equipment on the horse: bandages, wrapping for the tail.
2. Check the horseshoes
3. Take your time, do not rush the horse.
4. Once inside the trailer, chain the halter and the chest bar.
5. Hang the hay bucket once the horse is tied, unless it is going to run
6. Do not feed him grains before or during shipping
7. Make sure the Coggins test is negative and he holds a health certificate
8. When downloading, give him water and walk him
9. Check the horse for injuries while shipping

\*\*

## CHAPTER 5:
## Safety in the barn - Fire extinguishers. Equine first aid kit-
### Safety in the barn: fire extinguishers.
- ❖ *Fire extinguishers* are located by the doors of the barn, at the middle, and in the classrooms, if any.

Remember the acronym P.A.S.S. which stands for "Pull, Aim, Squeeze, Sweep" to use a *fire extinguisher*.

*In case of fire:*
1. First call the fire brigade and then get the fire extinguishers
2. Position yourself between the fire and an exit. This way you will be able to exit the building if you are unable to put out the fire.
3. Hold the fire extinguisher in the upright position. Pull the pin out of the extinguisher's handle. Aim the nozzle of the extinguisher towards the fire's base from 8/10 feet
4. Squeeze the handle of the fire extinguisher.
5. Sweep the fire extinguisher from side to side, covering the entire base of the fire.

*Preventing accidents:*
- No smoking in the barn
- When entering the stall talk softly to let the horse know you're entering
- Always lead your horse with the halter and the shank
- Once in the stall, let go the shank and walk backwards looking at the horse
- Be sure to lock the stall
- Never walk behind a horse
- Never shout or make sudden movements next to a horse
- Always tie your horse before starting to work with him/her
- Never sit or kneel in front of a horse
- Whenever you enter or leave a barn warn saying: coming in/going out
- Keep the shed paths clean of tools
- Never shake the shank of a frightened horse. Stay calm
- Always lead your horse from the left
- Never tie the shank around your hand.

### Equine first aid kit
Every horse owner needs to have a stocked first aid kit in their barn.

There are pre-made first aid kits with basic first aid materials that you can buy. You can talk to your veterinarian about putting together a good first aid kit, and ask him/her what he/she recommends. You should be able to give shots, and know how to restrain a horse. You should also have some training in first aid, or at least read up on different emergencies and the procedure that should be followed. Acepromazine is not common in first aid kits, but professionals keep it just in case of a bad trailer accident. This drug could be used to tranquilize horses in this case until a vet arrived, and prevent the horse from further injuring himself.

**Emergencies**: There are different kinds of emergencies. The sight of blood could make your horse nervous; staying calmed can save its life. To avoid farther complications and speed the recovery of the horse, *the first step to take is crucial*. Follow this guideline when possible:

- Get hold of the horse and calm him/her down. Move him/her to a familiar place. Give him something to eat so keep him/her distracted.
- Look for help before treating the wound. It is **dangerous** to do it on your own. Somebody has to keep the horse still. If you get hurt, you will not be able to help the horse.
- Check how deep and severe the wound is and where it is located. Call the vet for suggestions on how to give him/her first aid, if necessary.
- DO NOT give him/her any tranquilizer or medication without the vet's recommendation.

*One last suggestion*

Many accidents are avoidable if you are aware of the facilities where the horse is been kept and where he/she has the whereabouts. Identify and correct any risky aspect you recognize. Your vet can help you checking on this.

- Be fully and constantly aware of the emergency techniques.
- Keep your vet's phone number and the horse first aid kid at hand
- Acting fast is the key to solve the emergency without the horse suffering unnecessarily. .

*The horse health and soundness depends on you. Have always a plan. Use the resources you have at hand; prevention is the key.*

\*\*

## CHAPTER 6:
**Bandages, the most popular ones. Standing and Polo bandages. Why to put them and how. Clipping and trimming.**
**Bandages are for the horse's protection.**

**Why to use them:**
1. To protect
2. To support tendons and ligaments during strenuous exercise

3. as a therapeutic wrap over medication
4. to ease muscle aches

**General considerations:**
1. Use appropriate material
2. If you are using leg wraps with velccro, make sure it is rolled with it to the inside.
3. Before you start, determine the stretch you want to apply, evenly, all the way around. The bandages should not be too tight nor too loose; just fine. You should be able to get a finger should between the wrap and the leg
4. Check the wraps and the legs to make sure they are clean and free of any debris
5. The pin must be facing DOWN to prevent hurting the horse
6. Never place your head in front of the horse's knee while working
7. DO NOT t wrap the knee
8. Be careful with the tendon = no pressure on it
9. *Practice for perfection*

**Standing bandages:** These are used in the stall. They are the most popular ones. Roll both the wrap and quilt together to make it easier and faster. Remember to make sure to put on the inside what you will want to have on the outside later.
*Materials:* Wrap, quilt, safety pins/velcro or duck tape
*Wrapping:* Take one end and place it just beneath the knee, in front of the cannon, rolling toward the back: clockwise on the right leg and counter clockwise on the left one. When pressing, be careful not to do it on the tendon, you might hurt the horse. Keep the wrap until before the race.

**Polo Bandages:** these are used during light training. During daily training, with no speed involved, horses may wear fleece polo wraps to protect their legs from superficial injuries and their fetlocks from abrasion.
*Wrapping:* the EIGHT figure: 1) Wrap from the front to the back of the leg, caring for the tendon.2) Begin half way down the cannon bone of the leg and spiral downward overlapping each round by 1/3. 2) 3) Smooth the cloth as you go, eliminate the wrinkles. 4) Cover the fetlock (ankle) and then go upward to the top of the cannon making a "V" at the front of the fetlock. 5) Assure the wrap with tape.

**Run-down bandages:** These are usually used to hold run-down patches in place. Many Thoroughbreds dig deeply into the track surface when they run at high speed, causing the skin over their fetlocks to roughen with every step. Depending on the individual horse's way of going, run-down bandages may be worn on the front legs, the back legs, or both. Run-down patches come in two varieties: thick, pressed cotton pads that are fitted directly over the fetlock and held in place by elastic bandaging tape, commonly called Vetrap/3M, and self-adhering, lightweight Teflon or polyethylene patches that are applied to the outside of the elastic bandaging tape as a protective top layer over the underlying cotton patch

## Trimming and clipping

**Trimmed** lower hind leg, clipped cannon, fetlock, pastern, and coronary band.
      Many horses have hair trimmed or removed, especially for show. It should be noted that different disciplines have different standards. It is often best to check the rules before performing any type of trimming or clipping to a show horse. After clipping/trimming run a warm towel over the horse's entire body to remove dander, dirt, and excess cut hair. Reward your horse with treats or a chance to graze.
**Clipping:** Clipping usually requires that your horse stand still for up to two hours or more. He will want to move or go in the stall to roll.
The most common areas clipped include:

- *Bridle path:* a section of mane, just behind the ears, is frequently clipped or shaved off for practical purposes; this allows the bridle to lie comfortably on the across the poll, makes it slightly easier to bridle the horse.

- *Face:* There is little real need to clip the face; it is done primarily for aesthetic reasons. The most practical location to clip is under the jaw, to create a more refined appearance and remove excess hair that may interfere with the throatlatch of the bridle. The whiskers of the muzzle are commonly shaved in the United States, though not as often in Europe. Some also clip the feelers above and below the eyes. It should be noted that clipping the whiskers of the muzzle or eyes is a topic of minor controversy, as they are thought to help prevent injury because the horse can "feel" when it is approaching an object.

- *Ears:* The hair on the ears of the horse may be clipped, sometimes both inside and out. The practice of clipping the inside of the ears is also controversial, as the hairs inside the ear protect the inner ear from dirt and insects. When the ears are trimmed on the inside, a fly mask with ear protection is often put on the horse to replace its natural protection.

- *Legs:* The fetlocks can collect undesired amounts of mud, and dirt, and may be trimmed for practical reasons. The back of the lower cannon is also commonly clipped, also to remove long hairs. For a truly polished look, the coronary band is clipped to shorten the small straggling hairs that grow along the edges of the hoof.

\*\*

## CHAPTER 7: Tips for good performance when grooming.
*About yourself*
1. Prepare physically for the work at a stable. Hay, wheelbarrows, and water buckets are heavy, and get heavier throughout the day.
2. Learn all the rules of the stable. If they say that you must wear black boots while working, then you'd better be wearing your black boots. .
3. Know what is expected of you. Did you think you just had to brush this horse and muck that horse's stall? Well, turns out, you also were supposed to sweep the aisle, turn the filly out, feed the cats, brush the two horses out back, and rake the arena. To avoid that kind of confusion, ask your boss to give you a written list of everything you are supposed to do and when you are supposed to do it.
4. Hang out with an established groom for a day (ask permission, first). This way, you can see how everything is done, like where the manure is dumped, how often the stalls are picked out, which horses go where, and how the gates work. Pretend you're starting from square one.
5. Show up on time. Late grooms can never be counted on, and are, consequently, fired. Heavy sleeper? Get an alarm clock.
6. Dress professionally. That means working jeans or breeches, comfortable, waterproof, horse-safe boots, a plain shirt and appropriate gloves. Add a baseball cap, if it's appropriate for the barn and season, and a belt, if you need it. No jewelry, except for a watch, and wear your hair out of the way, in something sensible (ponytail).
7. Don't drink, smoke, chew tobacco, get tattoos, pierce yourself (exception, ears), dye your hair like a chameleon.
8. Be cheerful. No one likes a depressed person hanging around the barn.
9. Shower often. Horse dust, dirt, manure, and shavings get stuck in the most unattractive places, and a day at the barn doesn't make you smell delicious.
10. Be thorough. When they ask you to sweep the aisle, sweep it very well.
11. Be efficient. Do it well, of course, but learn how to do it quickly.

12. Be honest. Don't know how to clean a stud's sheath? Don't pretend, tell the boss.
13. Be knowledgeable about horses and barn management. Not only does it make your job easier and less stressful, but when people start asking you questions, you'll feel a lot more confident about answering them.
14. Be nice. Offer to help if someone needs it. Say hello, learn their names, and say something nice every time you pass them.
15. Do your best. If you try your heart out, good things always happen.
16. Invest in a good deodorant. Seriously, you'll need it.
17. Don't wear dirty clothes and boots to work. Clean them often.
18. Wear sunscreen, a hat, and sunglasses if it is sunny.
19. Get to know everyone (and every horse) by name. Not by 'hey, you'.
20. Chew quietly, or better yet, not at all.
21. Aprenda el vocabulario en Inglés o idioma local

*About the horse and the barn*
1. Disinfect anything that carries germs, especially if a horse is sick. A barn full of sick horses is no fun for anyone.
2. After a person is done riding, quietly check to be sure their horse is cooled off enough. If they are not, nicely tell them or the barn manager. A hot horse is a colicky horse.
3. Report any sick or injured looking horses right away.
4. Learn how to use everything in a first aid kit. It could save a horse's life someday. Not to mention yours.
5. Tell the manager about any abusive riders. But be quiet, polite, and calm. And don't spread false alerts.
6. Don't change the radio volume or station.
7. Carry a cell phone with you to report emergencies. It's also good for calling the boss if he's not at the barn. Make sure it's charged and on. But don't text and call friends while you're working.
8. Always be courteous of people's feelings. And if you have opposite opinions on something, don't talk about it. Avoid fights at all costs.
9. Learn about the emergency procedures for the barn. Make a list: "In Case of Fire"," In Case of Hurricane", etc.

\*\*

**CHAPTER 8:**     **Horse body parts.**

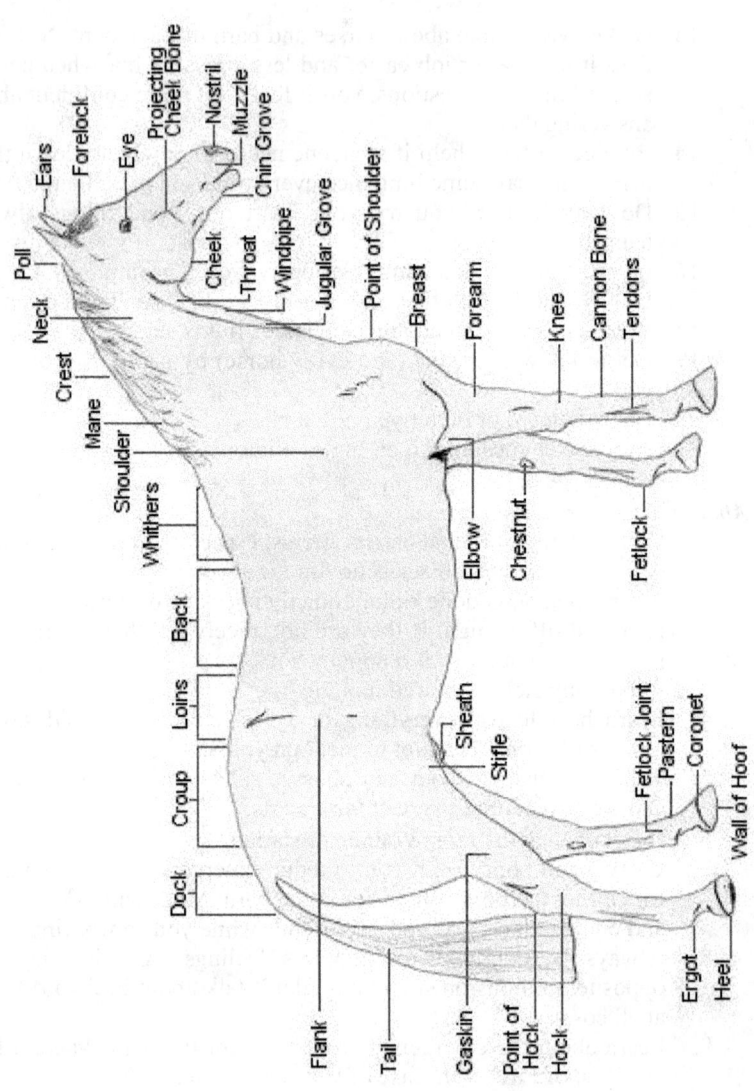

## ESPAÑOL

**CAPÍTULO 1:**
Qué es "Grooming", cuidado del caballo – Rutina diaria y
herramientas – Aseo del establo				p. 29

**CAPÍTULO 2:**
Conformación - Salud y signos vitales - Problema frecuente: Cólicos - Vista – Orejas – Dientes y su cuidado: limado – Aseo y baño.  p. 31

**CAPÍTULO 3:**
Patas- Ligamentos y tendones- Huesos - Problemas: Laminitis.
Sobrehueso - Contractura: caballo atrancado; desgarro – Cojera –
Pie/casco: partes-Hongos y fisuras- Limpieza y escarbado -
Embetunado y lustre.				p. 36

**CAPÍTULO 4:**
Controlando su caballo- Brida, cabestro y bandas sobre el hocico –
Montura- Comportamiento del caballo-Ayudando a su caballo a
pararse-Transportando su caballo.				p. 41

**CAPÍTULO 5:**
Seguridad en la cuadra- Extinguidores de fuego- Botiquín de
primeros auxilios para el equino -				p. 43

**CAPÍTULO 6:**
Vendas: las más populares- De Descanso y Polo –Vendas de carrera - Para qué se usan y cómo se colocan - Recorte y rasurado.   p. 46

**CAPÍTULO 7:**
Recomendaciones para un buen desempeño en el cuidado de
caballos-				p. 48

**CAPÍTULO 8:**
Partes del cuerpo de un caballo.				p. 50

\*\*

**CAPÍTULO 1: Qué es "Grooming"/cuidado del caballo – Rutina diaria y herramientas – Aseo del establo**

El <u>cuidado del caballo</u> es una tarea disfrutable para el cuidador y para el caballo. Es una buena oportunidad para inspeccionar si hay lastimaduras e irritaciones. Trate de hacer del "grooming" (cuidado del caballo) un hábito diario. Es una necesidad antes de montar. Piedrecillas debajo de la montura pueden resultar muy molestas y provocar irritaciones. Comience por el lado derecho o izquierdo de su caballo. Estas instrucciones asumen que usted comienza por el lado izquierdo de su caballo, pero lo importante es que cubra todo el caballo, no de qué lado comienza.

Tenga sus herramientas preparadas en un lugar seguro. Una cubeta grande puede ser más económica y cómoda para colocar sus cepillos y tenerlos organizados que las cajas que hay en el mercado.

**Necesitará las siguientes herramientas:**
- Un peine curry o mitón para acicalar
- Un cepillo para el cuerpo con pelos duros
- Un peine para las crines y la cola. Plástico es menos dañino que metal
- Un cepillo de pelos suaves para la terminación
- Un palillo para limpiar el casco
- Una esponja limpia o una tela suave

**Sería bueno tener:**
- Spray para embellecer
- Ungüento para el casco si es recomendado por el herrero
- Tijeras o rasuradora

\* No coloque su caja de herramientas cerca del caballo donde éste pueda voltearla o usted pueda tropezarse con ella. Mantenga su caballo bien atado con ataduras cruzadas o nudos deslizables.

**Cómo hacer el trabajo:**
1. Organice sus herramientas y asegure su caballo.
2. Limpie los cascos de su caballo
3. Cepille su caballo con el peine curry
4. Desenmarañe la crin y la cola
5. Use el cepillo para el cuerpo para sacar la suciedad
6. Use el cepillo para dar lustre final
7. Limpie las orejas, ojos, hocico y el área del maslo
8. Dé los toques finales

**<u>Rutina diaria del cuidador de caballos al entrar al establo:</u>**
1) Chequee la apariencia del caballo

a. Mire cómo está parado y dónde está parado. ¿Dónde está el nivel de su cuello? ¿Hacia arriba o hacia abajo? Mire sus ojos, orejas, boca y cola. ¿Está todo normal para este caballo o hay algo diferente es su comportamiento?
2) ¿Tiene tos o tiene mucosidad cayendo por su nariz?
3) Chequee el excremento; la cantidad y la consistencia.
4) Chequee su tina de comida. ¿Está vacía o queda comida? ¿Es esto igual que todos los días?
5) Chequee el establo. ¿Durmió su caballo confortablemente o su cama está destruida por una noche mala, sin buen descanso?
6) Saque las vendas y chequee las patas de su caballo. Controle si están hinchadas, calientes, o con pulso muy acelerado.
7) Levántele las patas y revise por cuerpos extraños en la suela. Chequee que las herraduras no estén flojas.
8) Haga un examen físico: Tome la temperatura rectal: normal 99.5° a 101.5° F- Controle los latidos del corazón: normal: 28-44 p/m. Controle la respiración: normal 12-20 p/m. Controle que esté bien hidratado. Pellizque el cuero: si regresa a su lugar en menos de dos segundos, es normal.

**Aseo del establo**

Debe poner especial cuidado en la limpieza del establo. El caballo necesita disponer de una cama seca y limpia; no hay nada más destructivo para los cascos que el amoníaco de la orina. La limpieza del establo debe ser una tarea diaria. Establos sucios atraen insectos y pueden provocar infecciones en la base del casco. Respirar amoniaco de una cama saturada de orina puede ser dañino para los pulmones de su caballo. Los caballos orinan un promedio de 5/6 veces por día y defecan 2/3 veces. Generalmente, lo hacen 30-45 minutos después de comer, dos veces al día. Esto significa que el establo deberá ser limpiado dos veces por día: por la mañana y por la tarde, después de las comidas.

**Pasos a seguir:**
1. **Vístase adecuadamente**, con botas de goma o de trabajo. Los guantes pueden evitarle ampollas.
2. **Vacíe el lugar** a limpiar: Saque al caballo o limpie cuando esta pastando. Saque las cubetas de comida y los juguetes.
3. **Aliste sus herramientas** de trabajo y la carretilla - prepárela mirando hacia afuera para que sea más fácil sacarla una vez llena.
4. **Utilice una pala** o rastrillo para sacar los excrementos y la paja húmeda.

5. **Saque la carretilla** llena de excremento y deposite la suciedad donde corresponda.
6. **Ponga el resto** de la "cama limpia" a un costado y verifique que no quede humedad o excremento. Al llegar al suelo, rasque y barra bien.
7. **Coloque la paja** restante en forma pareja en el establo.
8. **Agregue mezcla** nueva en su "cama" para reemplazar la que sacó. Remuévala con el tenedor.
9. **Limpie** los corredores de restos de paja y excrementos.
10. **Saque las herramientas** del camino para evitar accidentes y límpielas.
11. **Coloque las cubetas** de comida, de agua y los juguetes para recibir a su caballo.

*Sugerencias*:
- Use sombrero y mameluco ya que el olor puede colgarse de sus prendas y cuerpo.
- Use barbijo para protegerse del polvo que se levanta al mover la paja.
- Coloque parte de la "cama" contra la pared para evitar que su caballo se gire y quede atrapado patas para arriba contra la pared.

\*\*

## CAPÍTULO 2:

**Conformación del cuerpo y de las patas – Salud y signos vitales - Problema frecuente: Cólicos - Vista – Orejas – Dientes y su cuidado- "floating", limado –Aseo y baño.**

**Conformación del cuerpo y de las patas:** *¿qué es una buena conformación? Balance*
    La *conformación* evalúa la estructura ósea (huesos), la musculatura del caballo y la relación entre las distintas partes del cuerpo. La conformación del caballo determina cómo será su desempeño en las funciones que se espera que él realice.

**Los aspectos de la conformación son:**
- Patas derechas o torcidas, el largo de los huesos, los ángulos de las articulaciones, las proporciones y balance completo del caballo, desarrollo muscular, largo del cuello y la espalda, rectitud de la línea superior y grupa.

Para juzgar la conformación de un caballo debe hacer la evaluación cuando está parado y también cuando está en movimiento.

*Las patas delanteras y traseras son evaluadas por:*
- rectitud
- ángulos correctos (manos 47° /53° y patas 54°/60°)
- inclinación
- músculos
- proporción

*La pelvis y la grupa se evalúan por:*
- simetría
- largo
- rectitud

*La cabeza y el cuello son evaluados por:*
- balance normal
- largo apropiado
- curvatura
- dientes y mordida

**Estructura de las patas**

La estructura apropiada de las patas es esencial para una actividad buena y duradera. Las patas deben estar correctamente posicionadas bajo cada extremo del cuerpo; las rodillas y los corvejones no deben desviarse hacia adentro o hacia afuera, y los pies deben apuntar en línea recta hacia adelante. Si un caballo se para derecho, lo más probable es que se mueva derecho también.

La altura del caballo o el largo total de sus extremidades es medido desde el punto de cruz hasta el piso. Debe ser igual al largo del cuerpo del caballo, el cual se mide desde el punto del hombro hasta el punto de su nalga. Un caballo con un cuerpo mucho más largo que su altura a menudo sufre dificultades de sincronización y coordinación de movimientos.

Cuando se mira a la totalidad de un caballo, el lado derecho debería ser simétrico al izquierdo. Es posible que algunos caballos con un balance imperfecto se desenvuelvan muy bien, pero en general a un caballo bien balanceado le es más fácil cumplir con sus funciones y tiene una mejor probabilidad de mantenerse sano.

Conformación ideal vista de perfil

**Salud y signos vitales:** Signos de salud y enfermedad en el caballo.

*Cualquier cambio de lo habitual es un llamado de atención*
***Salud*:**

1. *Apariencia y actitud:* un caballo en buena salud está alerta y con ojos brillantes. Si no quiere moverse o está nervioso, puede estar enfermo
2. *Hidratación:* se pellizca el cuero y al soltar vuelve a su posición original inmediatamente.
3. *Apetito:* normal
4. *Temperatura:* La normal es de 99.5 a 101.5
5. *Respiración:* Normal es de 8 a 16 veces por minuto cuando está tranquilo.
6. *Pulso:* Se puede tomar donde la arteria debajo de la mandíbula o detrás de la cuartilla. Normal es 30 a 40 latidos por minuto.
7. *Encías:* rosadas y brillantes
8. *Excremento:* debe ser lo habitual en cantidad, color y consistencia para ese caballo

**Signos de enfermedad:**
- Falta de apetito
- Depresión
- Una postura caída
- Secreciones nasales o lagrimeo
- Falta de deposiciones o excrementos muy flojos
- Cama revuelta
- Síntomas de ansiedad, estrés y/ o dolor.
- Posiciones y acciones fuera de lo habitual, revolcarse en el suelo, rascar, patear
- Suda cuando está quieto

*Qué hacer*: esté preparado para emergencias
- Tenga un teléfono celular a mano. No lo use para llamadas personales durante el trabajo.
- Tenga a mano el teléfono del veterinario y las indicaciones para llegar la clínica más cercana.
- Tenga a mano un equipo de primeros auxilios.

**Problema Frecuente: Cólicos**

"Cólico" describe cualquier tipo de dolor severo en el aparato digestivo del caballo. Es la causa número uno de muerte de los caballos de cualquier edad. La sola mención de esta palabra aterra a los propietarios de caballos. El caballo tiene un estómago bastante pequeño (8-15 litros). Los cólicos se resuelven bastante bien con el tratamiento adecuado. Sin embargo, habrá que asegurarse que no haya un problema mayor.

*Causas de los cólicos:*
Cuando
- tienen un estómago muy pequeño
- No pueden vomitar
- No son alimentados a horario
- No beben suficiente agua
- Son sobrealimentados (de más)
- Cambio repentino de dieta
- No pueden masticar la comida
- Comen comida sucia
- Se infectan con lombrices
- Intestino retorcido

*Síntomas*:
- Se arrastra o rueda en el piso
- Rasca constantemente con sus patas delanteras
- Se levanta y recuesta frecuentemente
- Gira la cabeza hacia atrás
- Gira el labio de arriba constantemente
- Se patea la panza con las patas traseras
- Se para estirado
- Estreñimiento/ no larga excremento
- Suda mucho
- Respira en forma agitada

*Tratamiento*:
1) Llame al veterinario
2) Camine al caballo en sesiones de 10 minutos por vez
3) No lo alimente hasta que se recupere completamente de los cólicos

**Visión: Algunos datos**
- Los ojos de los caballos están situados a los costados de su cabeza. Pueden ver casi en forma circular a su alrededor; tienen un punto ciego en frente a su hocico y otro por detrás de sus cuartos traseros.
- Lo que un caballo ve con un ojo es visión "monocular": puede ver diferentes cosas con cada ojo. Pero también tienen la habilidad de concentrarse en un solo objeto con los dos ojos, llamada visión "binocular", en la cual los dos ojos trabajan juntos fijándose en un objeto.
- Les toma unos minutos ajustar su visión en un establo o remolque a oscuras.

- A pesar de que los caballos tienen "puntos ciegos", un leve movimiento de su cabeza es suficiente para ver esas aéreas.
- Los caballos deben bajar su cabeza para mirar a la distancia y elevarla para ver objetos cercanos.
- Parecería que los caballos pueden detectar varios colores aunque no tantos como las personas. Hay experimentos que indican que los caballos no distinguen los colores rojo y verde.

**Orejas**

Los caballos no solamente escuchan con sus orejas si no que nos alertan sobre sus sentimientos y pueden ayudarle a su seguridad, también. Puede ser que esté interesado, relajado, enojado, cauteloso o alerta.

- Orejas *totalmente* hacia atrás: el caballo está enojado, dispuesto para pelear. Si usted está trabajando con el caballo y le pide algo que no le gusta, también colocará sus orejas hacia atrás. Tenga cuidado.
- Orejas *ligeramente* hacia atrás: Está un poco molesto.
- Orejas en *diferente dirección*: está atento.
- Orejas *hacia adelante*: Generalmente es un signo de temor, posible peligro. Esté atento a su reacción.

**Dientes y su cuidado: "floating", limado**

Floating: es la limpieza de los dientes. "Float" es la lima que se usa para esto. Los dientes del caballo crecen constantemente. A veces les crecen puntas que les lastiman al masticar o les dificulta sostener comida. Un signo de que los dientes necesitan su limpieza es cuando al caballo se le cae la comida y se nota que ha bajado de peso. Su caballo puede voltear su cabeza, tener comida sin procesar en los excrementos, excesiva salivación o abrir la boca con frecuencia. Es preferible una inspección rutinaria. Los dientes delanteros cortan el pasto y la comida y los molares la trituran para tragarla y digerirla bien. El veterinario decidirá con qué frecuencia deberán ser limados los dientes. Esto difiere de un caballo a otro.

Entonces:

1. Se coloca al caballo en una esquina del establo para su contención
2. Un asistente le tomará y sacará la lengua para lavarla
3. Se lijaran las "puntas o salientes" en los molares superiores e inferiores, tanto entre estos y la mejilla, como en la parte interior de la boca
4. Se lavará con agua tibia

Todo el proceso es rápido e indoloro: toma alrededor de 15/20 minutos. Los nervios terminan en las encías; de esta manera no sienten dolor en los dientes. Nota: a veces puede ser necesario retorcerle el hocico para mejor control. Sin embargo, cuando se acostumbran a esta limpieza, es tarea sencilla. Sin embargo, *debe ser realizada por un profesional.*

Los machos tienen 40 dientes, las yeguas solamente 36, ya que carecen de los colmillos. Son 3 molares en la parte posterior y 3 premolares delante de estos; lo que hace 6 dientes en cada uno de los 4 costados (2 superiores y 2 inferiores): 24 en total. En el frente, hay 12 incisivos: 6 arriba y 6 abajo. Total: 36.

***El aspecto de su dentadura es la siguiente según la edad:***
-Los dientes de leche comienzan a salir a los diez días.
-A los dos años la dentadura de leche está completa.
-A los tres años aparecen los primeros dientes permanentes.
-A los cinco años, la dentadura permanente está completa.

### Aseo y baño del caballo

Los caballos pueden ser lavados con una manguera de riego o con una esponja. A menudo los caballos son lavados con manguera después de un día de trabajo pesado para refrescarlos o antes de un show. Se los debe entrenar para que acepten el lavado, pues la manguera y el agua corriente son objetos extraños y pueden asustar al caballo al principio. La persona que sujeta y la persona que lo baña, deben estar del mismo lado del caballo. Esto facilita el dominio en caso que sea necesario.

*Primero:* Con la esponja, limpie los ojos y las fosas nasales sólo con agua; use diferentes extremos de la esponja para cada lado, para evitar contagiar posibles problemas. Limpie la boca y las orejas, también.

*Luego:* Vaya de la cabeza hacia la parte de atrás, siguiendo el cuerpo del caballo. Lave bien entre las patas de atrás y la cola. Si usa manguera: Comience cerca de las patas, manteniendo la manguera hacia abajo y asegurándose que el agua no le dé en la cara del caballo. Puede usar champú para caballos o para humanos, enjuáguelo cuidadosamente. Acondicionador de cabello o cremas de enjuague son usados para los espectáculos. El champú utilizado muy frecuentemente puede causar que el pelo del caballo se reseque o que pierda su protección de aceites naturales. Aunque los caballos de carrera deban lavarse después de un día de trabajo, no es conveniente enjabonar al caballo más que una vez por semana, aun en temporada de espectáculos.

*Por último:* pasen al otro lado y repita todo salvo la cola y entre las patas traseras. Enjuague con agua limpia y seque. Coloque una manta y camínelo para secar completamente.

*Razones para el baño:*
- Mantener un cuero saludable
- Secar el sudor

- Sacar la mugre
- Prevenir contracturas musculares
- Reducir la temperatura del cuerpo a normal

*Materiales que se usan:*
- 2 cubetas, una con champú y otra con agua limpia
- Una esponja
- Un rascador para el sudor
- Mantas

\*\*

## CAPÍTULO 3:
**Patas. Ligamentos y tendones- Huesos - Problemas: Laminitis - Calcificaciones: Sobrehueso - Contractura: caballo atrancado; desgarro – Cojera – Pie/casco: partes - Hongos y fisuras- Limpieza y escarbado - Embetunado y lustre.**

### Patas. Ligamentos y tendones – Huesos
*Pata flexionada*: Cuando el caballo está relajado y calmo, puede que levante una de sus patas traseras; de esta manera quita peso de la misma. Puede alternar con la otra pata trasera, después de un rato. Durante "grooming", puede hacerlo si siente relajado.

**Huesos:**
A. Laminilla
B. Hueso navicular
C. Cuartilla corta
D. Cuartilla larga
E. Hueso sesamoideo
F. Caña

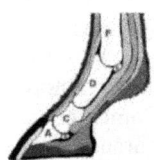

**\*Ligamento**: tejido que une dos huesos. Con excepción del suspensor, los ligamentos no se estiran.
**\*Tendón:** tejido que une músculo con huesos. Hay tres -3- tendones en cada pata delantera: por delante esta el *extensor*, que permite extender la pata y por detrás, están el *flexor profundo* y el *flexor superficial* para contraerla.

### Problemas de las patas
- **Laminitis y "founder":** Es una inflamación de la lámina y casi siempre se encuentra en más de un pie. Es muy común que trate de recargar el peso en los talones rehusándose a caminar. Esta lámina asegura el hueso *laminilla* a la pared del casco. Cuando la laminitis está avanzada, la laminilla se separa de la pared y puede rotar o hundirse. De aquí proviene la palabra "founder".

*Tratamiento:* Hay que averiguar la causa del problema y corregirla. Es necesaria la participación del Veterinario para la administración de analgésicos leves para aliviar la presión sanguínea y, obviamente el dolor. Es importante el reposo total.

- **Calcificaciones: Sobrehuesos.** Son depósitos óseos en la parte superior interna de la caña delantera. Raramente producen cojera, pero si el sobrehueso se encuentra muy arriba puede interferir con la rodilla y causar problemas. Los caballos jóvenes estresados por el juego o el entrenamiento pueden "producir" una osificación. Si la cojera persiste debe ser tratada por el veterinario. Esta osificación no es de fácil detección, y tiene muchas consecuencias en la salud. Equinos mayores de 5 años raramente desarrollan estas calcificaciones debido a que la unión entre los huesos está más solidificada.

*Signos de osificación:* la cojera es más evidente mientras el caballo trota, trabaja o inmediatamente después. La cojera puede aparecer y desaparecer o estar presente continuamente por un año. Si pasa su mano de arriba hacia abajo en la caña, el caballo respingará cuando se le toque la osificación.(*splint*)

- **Tendinitis***:* inflamación del tendón. *Síntoma*: se ve engrosada la parte de atrás de la pata delantera. Requiere inmediata atención.
- **Tendón arqueado:** se engrosa la parte posterior de la pata por encima del espolón. Uno o más tendones o ligamentos pueden estar afectados; comúnmente se afectan los flexores superficiales, los flexores profundos y los ligamentos suspensores de una o ambas patas delanteras.

**Patas del caballo, algunas anomalías**
**Forging** – defecto al trotar cuando un caballo golpea la suela de su pezuña delantera con su pezuña trasera del mismo lado
**Scalping** -El dedo del pie delantero golpea la pata trasera del mismo lado a la altura de la banda de la corona o por encima de ésta.
**Patas de paloma** - cuando ambas pezuñas se tuercen hacia adentro.
**Interferencia**-Esta es una falla del paso que causa que el caballo golpee cualquier parte interna de una pata con la parte interna del otro pie o pata.

**Contractura: caballo atrancado - Desgarro – Cojera**
**Los músculos: contracturas/músculos atrancados**

***Tying up/ contractura/atranque*** se refiere a la rigidez del músculo y al dolor después del ejercicio. Este síntoma puede ocurrir como un acontecimiento aislado o ser un problema recurrente. Para comprender y tratar correctamente o para prevenir esta limitación de movimiento se necesita saber las causas. Las contracturas esporádicas se deben a un problema temporario causado por fatiga o agotamiento por el calor. Las contracturas crónicas son un problema heredado.

**Desgarro**

El músculo desgarrado es un músculo que ha sido sobre esforzado y que rompió algunas células; causando uno de los dolores más severos que puede ocurrir en el cuerpo. Un músculo desgarrado cura lentamente y aun así, es difícil de curar por completo. Un músculo se desgarra generalmente cuando uno lo fuerza y le da un tirón fuerte para conseguir un movimiento rápido, poniendo más tensión de la que se puede aguantar. *Si cree que su caballo esta atrancado o desgarrado actúe rápidamente para evitarle males mayores.

*Síntomas*:
- Cojera o paso irregular, como arrastrando la pata
- Orina de color café oscuro
- Dolor
- Abundante sudor
- Dificultad de movimiento

*Prevenciones*:
- Mantenga al caballo relajado antes de entrenar para que la sangre fluya normalmente.
- Modifique la dieta de comida para evitar carbohidratos y aumentar grasas
- Provea tranquilizadores o relajantes musculares
- Coloque una mascota en el establo, un perro o una cabra
- Abra una ventana en su establo, hacia afuera o hacia otro establo

*Tratamiento:*
1. Descanso. Debe permanecer parado
2. Beber abundante agua para limpiar el riñón
3. Modificar la dieta de carbohidratos y grasas como antedicho
4. Al día siguiente, hacerlo caminar sin esforzarlo, si desapareció la dureza del músculo
5. Se le dará BUTE, un tranquilizador que reducirá el dolor

## Cojera

*Es el principal problema que afecta la capacidad y desempeño del caballo de carrera como así también pone en peligro su vida, eventualmente.*

Una causa frecuente de cojera es la mala conformación del caballo. Otras causas incluyen el desequilibrio de los cascos, un mal herraje, infecciones, piedras en la suela o fisuras no tratadas a tiempo. Una cojera debido a una osificación (splint), es más común en equinos de 2 años que están en entrenamiento. Aún un caballo con una conformación casi perfecta puede ser susceptible de tener cojera en la pista. Hay varios síntomas que nos avisan de una posible cojera. El cuidador puede reconocerlos en su rutina diaria si presta atención. Pueden ser detectados con un examen manual al quitarle las vendas.

*Síntomas:*
- Calor en una parte de la pata
- Hinchazón de la pata o una parte de ella
- Pulso acelerado
- Observe como está parado en su establo
- Si gira su cabeza para un mismo lado constantemente, mientras camina

**Problemas de corvejones**

El corvejón consiste en varias articulaciones siendo la superior la más larga y donde se producen la mayoría de las flexiones. Es como el tobillo humano. Los problemas que involucran la salud del corvejón parecen estar en aumento. Observe si el caballo constantemente libera el peso de la misma pata cuando está detenido. En cualquier momento que se sospecha un problema en este área, vea a un veterinario. Si la cojera se puede identificar en el corvejón con un examen de flexión, hágale un examen de rayos "x" para determinar si se trata del tejido suave o duro para proveer el tratamiento adecuado.

**Pie/casco: partes. Hongos y fisuras - Limpieza y escarbado- Embetunado y lustre.**

*Cascos*: **"Sin casco no hay caballo"**
*El casco está formado principalmente por tres partes:*
- **La pared:** Sostiene el peso del caballo. Es la zona exterior. Crece hacia abajo desde la corona.
- **La suela:** Proteger el casco de lesiones. Es ligeramente cóncava, delgada y delicada.
- **La ranilla/la rana:** Es de forma triangular; es un mecanismo amortiguador que bombea sangre a la pata cada vez que toca el suelo. Resulta fundamental mantenerla limpia en todo momento para evitar problemas en el casco.

Base del casco

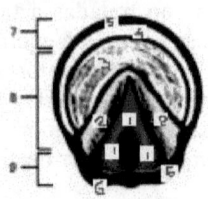

1. Rana
2. Barras
3. Suela
4. Línea blanca
5. Pared
6. Bulbos
7. Dedo del pie
8. Cuartos
9. Talón

## Limpieza y escarbado

Un casco limpio y pulido permite revisar y encontrar posibles heridas. La falta de limpieza diaria puede acarrearle a corto o largo plazo, problemas de salud. Cuando llega el momento de higienizar la ranura central es fácil percatarse si en ella existen *fisuras, grietas o algún corte* - por la sequedad de la zona - y heridas causadas por clavos. La mayoría de las guías para el cuidado del caballo aconsejan efectuar esta limpieza diariamente, y en muchos casos, dos veces al día: antes y después de cabalgar.

La forma común de cuidado de la base del casco es escarbándolo. Se usa un escarbador o limpiacascos para remover el barro, el abono o piedras de la suela previniendo así las infecciones, un problema común de la base del casco, que en severos casos puede causar cojera. En el invierno, se debe remover pelotas de nieve de los cascos de los caballos, pues pueden causarles incomodidad y provocar cojera.

Si desprenden mal olor, indica que se ha producido una infección grave. Es entonces cuando hay que proceder a la limpieza completa del casco, colocar un gel para aliviar y comprobar si la herradura se mantiene bien colocada y los remaches bien apretados.

## Casco resquebrajado/fisuras/cuartos

*Prevención:*
- Si cojea, consulte al veterinario o al herrero.
- Suplemente vitaminas en la dieta

*Signo:*
- Se observa una línea vertical que corre a lo largo del casco. Si es profunda y llega a la coronilla causa dolor con sucesiva cojera. Una vez que llega a la coronilla empiezan a agravarse los problemas porque no permite la cicatrización. Se puede prevenir con un buen rasurado y buen herraje antes que se agrave.

*Tratamiento:*
- Se recomienda una incisión horizontal igual o más profunda a la de la fisura inmediatamente posterior al final de la fisura, con hierro candente, para evitar el avance de esta última.

- Frote la corona con una grasa para estimular el crecimiento del casco.

## Hongos- Infección /*Thrush*

Es una infección bacteriana que afecta la rana, con un olor muy fuerte y desagradable.

***Causas:*** Establo o cascos sucios y húmedos; cascos mal recortados o mal herrados, privando presión sobre la ranilla para amortizar los golpes.

***Síntomas:*** mal olor, color negruzco, ranilla muy suave por mal herraje o mal recorte. Posteriormente puede sentirse calor y notarse cojera.

***Tratamiento:***
1. Limpie la zona con un cepillo de dientes duros y abundante agua y jabón.
2. Remueva el tejido lastimado
3. Remueva las herraduras y desgaste las paredes para conseguir nuevamente presión en las ranas.
4. Coloque iodo en la zona donde se removió el tejido lastimado
5. Mejore la limpieza cotidiana del establo y de los cascos

## Embetunado y lustre

Betún para los cascos es una sustancia líquida que se usa en los cascos para mejorar su humedad, que previene las fracturas y quebraduras, pérdidas de herrajes y otros problemas comunes de los cascos. El lustrado de los cascos se usa para los espectáculos.

\*\*

## CAPÍTULO 4:
Controlando su caballo- Brida, cabestro y bandas sobre el hocico – Montura- Comportamiento del caballo-Ayudando a su caballo a pararse-Transportando su caballo.

## Controlando su caballo. Brida, cabestro y bandas para el hocico.

Los cabestros a veces son confundidos con las bridas. La diferencia esencial es que el cabestro requiere de un manejador de a pie para conducir o sujetar a un caballo mientras que la brida es usada por un jinete entrenado para dirigir a un caballo. El cabestro es más seguro que la brida para sujetar al caballo, ya que la brida tiene la mordida que puede lastimarle la boca si retoza cuando se lo sujeta. Además, las bridas son de un material más liviano y pueden romperse. Sin embargo, la brida ofrece mayor control sobre el caballo. La brida debe ajustarse evitando que el caballo "sonría" por lo tirante, o la mordida se salga, por estar muy suelto.

## Bandas sobre la nariz

Existen diferentes tipos de bandas para la nariz. La *bandasombra* se utiliza para que el animal no se asuste de su propia sombra y además, mirando hacia abajo, evita que se asuste o distraiga.

**Montura:** Todo el equipo de montar debe ser limpiado después usarse. La sudadera, cincha y cubre cincha deben ser lavados regularmente para evitar la reproducción de bacterias y el detergente debe ser enjuagado cuidadosamente para evitar irritaciones en la piel del equino.

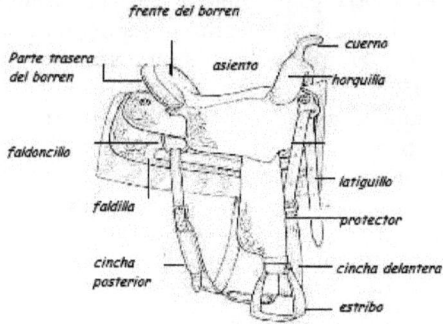

**Para ensillar un caballo, debemos proceder de la siguiente manera:**

1) Asegúrese que el caballo esté sujeto
2) Asegúrese que el lomo del animal este limpio y sano, sin viruta, barro seco, espinillas ni heridas.
3) Desde el lado izquierdo del mismo, se coloca la sudadera a la altura de la cruz y se desliza hacia atrás para alisar el pelo por debajo.
4) Se coloca la montura y ajuste la cincha suavemente asegurándose de que los estribos están correctamente colocados.
5) Tire del sudadero desde la perilla para permitir que el aire circule entre éste y el caballo.
6) Levante la pata del caballo para aflojar la piel agarrada o estirar la piel arrugada.
7) Camine el caballo para relajarlo.
8) Del lado izquierdo, tire de la cincha desde debajo del caballo y asegúrela, nuevamente.
9) Ajuste la altura de los estribos.

**Comportamiento del caballo.**   *Instintos de los caballos*

1. Evitar ser matado
2. Ser alimentado
3. Estar abrigado y confortable
4. Reproducirse
5. Mantener su cría a salvo
6. Comunicarse

- Las necesidades básicas son: un habitat seguro y confortable, comida y agua, y compañía.
- Es importante gratificar al caballo cuando hace lo que se le solicita. Acaricia a su caballo especialmente en la cruz: puede hacerlo desde el suelo o cuando lo monta. Ni el soborno ni el castigo son aconsejables. Eso no es disciplina. *Un caballo feliz tiene un mejor desempeño.*
- La mejor herramienta en la relación con su caballo es la comunicación. Enséñele que usted manda. No relaje la presión de las riendas hasta que haga como le solicita o le habrá enseñado que su presión no significa nada. Si se mantiene firme, le mostrará a su caballo que Ud. tiene más paciencia que él.
- Ignore su mal comportamiento. Distráigalo con otra tarea.
- Siempre mantenga la calma. El caballo seguirá su ejemplo.

**Ayudando a su caballo a ponerse de pie**

Si usted ve a su caballo contra la pared y con las patas para arriba, no entre en pánico, esto puede poner nervioso a su caballo y aumentar el riesgo de heridas. Un caballo puede estar acostado muy cerca de la pared o puede girar de tal manera que no pueda volver a pararse en sus patas. En caso de cólicos, un caballo puede quedar en esta posición más frecuentemente ya que se revuelca para detener el dolor. Alejándole la cabeza de la pared puede ayudarle a moverse y posibilitar que se pare. Si es necesario, tire de la cola para separar las patas de la pared. Si el caballo tiene literalmente la espalda contra la pared y esta calmo, jale de la pata que está más cercana de la pared para que gire y salga de esa posición.

Posiblemente, una vez libre desee ponerse de pie inmediatamente y actúe un poco loco, pateando. Asegúrese de estar del lado de la salida en caso que deba apurarse afuera del establo para evitar ser lastimado.

Un caballo con cólicos podría no querer moverse aun después de liberado de esa posición. Dele unas palmaditas para que reaccione. Observe que el caballo no se haya lastimado en este proceso. Camínelo un poco para asegurarse que está bien.

**Transportando su caballo**   *Haga su remolque tentador para su caballo.* Los caballos son esencialmente claustrofóbicos y raramente entrarán en un espacio pequeño y oscuro. Si Ud. dispone de una rampa, bájela y cúbrala con la paja de la cama del caballo para que le sea familiar. Abra toda puerta o ventana que dé luz al interior del remolque. Mímelo, condúzcalo con el cabestro y mantenga su cabeza y sus patas protegidas pata evitar golpes. Si es necesario colóquele una manta, recuerde que en el interior del remolque estará más caliente que afuera.

Asegúrese de estar bien tranquilo durante todo el proceso ya que el caballo notará su estrés. Asegúrese de llevar la documentación del caballo, equipo de primeros auxilios para las personas y los caballos, un teléfono celular, una linterna y comida y agua para todos. Tenga todo de fácil acceso.

1. Coloque el equipo sobre el caballo: vendas, envoltura de la cola, etc.
2. Controle las herraduras
3. Tómese el tiempo necesario, sin apurar al caballo
4. Una vez adentro, colóquele las cadenas al cabestro y la barra al pecho
5. Cuelgue la bolsa de heno/paja una vez que el caballo está asegurado, a menos que esté por correr
6. No le dé granos antes de transportarlo
7. Asegúrese que tenga negativo el test de Coggins y que posea certificado de salud
8. Al descargarlo, dele agua y camínelo
9. Revise al caballo para asegurarse que no haya sufrido heridas

**

## CAPÍTULO 5:
**Seguridad en el establo- Extinguidores de fuego- Botiquín de primeros auxilios para el establo-**
**Seguridad en el establo: Extinguidores de fuego**

❖ *Los extinguidores* están localizados al lado de las puertas de las cuadras, en el centro, cuando exista, y en los salones de clase.

Recuerde las siglas en inglés:
❖ PASS : **p**ull (jale), **a**im ( apunte), **s**queeze (aprete), **s**weep (mueva de lado a lado)

*En caso de incendio:*
1. Primero llamar al departamento de bomberos y luego usar los extinguidores.
2. Ubíquese entre el fuego y la salida para salir en caso que no pueda apagar el incendio.
3. Mantenga el extinguidor parado, jalar el seguro apuntando a 8/10 pies de distancia. (2.5/3 metros)
4. Apriete la manija para comenzar a usar
5. Dirija el extinguidor a la base del fuego, NO a la llama y mueva lentamente de lado a lado

*Previniendo accidentes:*
   o   No se debe fumar en la cuadra/el establo

- Hágale saber al caballo que está entrando al establo, hablando suave
- Siempre dirija a su caballo con el cabestro y la cadena
- Una vez adentro del establo, suelte la cadena y salga mirando al caballo, nunca de espaldas
- Asegúrese de cerrar las puertas y el cerrojo
- Nunca camine detrás de un caballo
- No haga movimientos bruscos ni grite cerca de los caballos
- Siempre amarre a su caballo a la pared antes de trabajar en él.
- Nunca se siente o arrodille delante de un caballo
- Cuando entre o salga de una cuadra avise diciendo "entrando" o "saliendo"
- Mantenga los pasillos de la cuadra limpios de herramientas y equipo
- Nunca sacuda la cadena de un caballo asustado. Mantenga la calma
- Siempre dirija el caballo del lado izquierdo
- Nunca ate la cadena en su mano.

**Botiquín de primeros auxilios para el caballo/la cuadra**

Todo dueño de caballo debe tener a mano un botiquín de primeros auxilios en la cuadra.

Hay botiquines ya preparados en el mercado con los elementos básicos. También puede hablar con el veterinario para armar uno. Usted debe estar preparado para dar inyecciones y saber cómo sujetar/inmovilizar a un caballo. Debe saber algunos primeros auxilios o por lo menos, haber leído sobre las diferentes emergencias y qué hacer en cada caso.

Acepromazine no es un medicamento que se encuentre en los botiquines de primeros auxilios pero puede ser muy útil para calmar a su caballo hasta que llegue el veterinario si estuvo en un accidente y el miedo pueda llevarlo a dañarse más.

*Emergencias*:

Existen muchos tipos de emergencia. La presencia de sangre puede alterarlo, pero el mantener la calma puede ayudarle a salvar la vida de su caballo. Los pasos iniciales que tome para el tratamiento de una herida pueden esenciales para prevenir daños mayores y acelerar el proceso curativo de la herida. La siguiente lista debe observarse como guía:

- Capturar y calmar el caballo para prevenir más daños. Mueva el caballo a una jaula u otra área que le sea familiar. Dele comida para distraerlo.
- Busque ayuda antes de tratar y/ o evaluar la herida. *Es peligroso tratar de inspeccionar y limpiar una herida sin que alguien sostenga el animal.* No podría ayudar a su caballo si usted resulta lastimado.

- Evalúe la localización, profundidad y severidad de la herida.
- Comuníquese con su veterinario para recomendaciones a seguir en caso de que necesite tratamiento de emergencia.
- NO ADMINISTRE ningún medicamento o tranquilizante sin consultar antes con su veterinario.

*Recomendación final*
Muchos accidentes se pueden prevenir si se evalúa el ambiente donde se encuentra su caballo y sus prácticas de manejo, identifique y corrija aspectos que representen peligro o riesgo. Su veterinario le puede ayudar con esta evaluación.

- Practique mentalmente sus técnicas de emergencia.
- Mantenga el número telefónico de su veterinario y su equipo de emergencia disponible en todo momento.
- La rápida acción por su parte será clave en la resolución de la emergencia, minimizando los daños que sufra su animal.

*La salud y bienestar de su animal dependen de usted. Utilice los recursos que estén a su alcance, prevenga y tenga siempre un plan de acción.*

\*\*

## CAPÍTULO 6
**Vendas: las más populares- De Descanso y Polo – Vendas de carrera - Para qué se usan y cómo se colocan - Recorte y rasurado.**

**Vendas:** Las vendas se colocan para proteger las patas del caballo.

**Para qué se usan:**
- Como protección
- Para sujetar tendones y ligamentos durante ejercicio fuerte
- Para cubrir medicación
- Para disminuir dolores musculares

**Recomendaciones generales:**
- Use los materiales apropiados
- Si utiliza vendas con Velcro, asegúrese que esté enrollado con el Velcro hacia adentro.
- Antes de comenzar determine cuán estiradas tendrá las vendas, en forma pareja, durante la colocación. El vendaje no debe estar ni muy apretado ni muy flojo; *debe poder pasar un dedo entre las vendas y el caballo.*
- Chequee las vendas y las patas para confirmar que estén limpias y libres de residuos.

- Los ganchos deben apuntar siempre hacia ABAJO para evitar herir al caballo
- Nunca coloque su cabeza delante de la rodilla del animal mientras trabaja
- NO envuelva la rodilla
- Cuidado con el tendón= no lo presione
- *Practique hasta perfeccionar*

**Vendas de establo/de descanso:** estas vendas se utilizan dentro del establo. *Las vendas de parado*, son las más populares. Puede enrollar *ambas* telas juntas. Recuerde que lo que enrolle hacia adentro luego quedará afuera.

*Materiales:* Paño de algodón, tela de franela y alfileres de gancho/velcro o cinta adhesiva

*Colocación*: Se toma el extremo de la venda, y se coloca debajo de la rodilla, frente a la caña. Luego se venda hacia el interior, por detrás, lo que sería en sentido a las manecillas del reloj en las patas del lado derecho y en sentido contrario en las patas del lado izquierdo. Cuando uno jala hacia donde uno está, se está jalando en la canilla, no en el tendón, pues podría herir al caballo. Las patas permanecerán vendadas hasta antes de la carrera.

**Vendas de entrenamiento o Polo**: las vendas Polo se utilizan para entrenamiento liviano, para dar protección y soporte, que no involucre altas velocidades.

*Colocación*: El procedimiento OCHO. 1) Coloque la venda al frente de la pata a mitad de la caña. 2) Vende de adelante hacia atrás cuidando de no apretar donde el tendón. 3) Cubra un tercio (1/3) de la venda en cada pasada. Suavice para quitar arrugas. 4) pase una vez debajo de la articulación del tobillo y forme una V en el frente. 5) coloque hacia atrás y hacia arriba hasta asegurar la venda debajo de la rodilla. 6) Coloque el seguro del lado de afuera de la pata, para evitar roce, y el velcro hacia atrás, que no cuelgue.

**Vendas/parches Run-down**: Usualmente se usan para mantener una pieza en su lugar. Muchos purasangre clavan muy fuerte en la pista cuando corren a alta velocidad, causando asperezas en la piel con cada golpe. Dependiendo del paso de cada caballo, estas vendas deben ser usadas en las patas delanteras, traseras o ambas. Estos parches vienen en dos variedades: 1) paños gruesos de algodón prensado que se colocan directamente sobre el tobillo y se sujetan en su lugar con una cinta de venda elástica, llamada Vetrap/ 3M, y 2) parches auto adhesivos, livianos, que se aplican por afuera de la cinta de venda elástica como capa protectora sobre parche de algodón.

**Recorte y rasurado**

Muchos equinos tienen su pelo recortado o removido, especialmente para los espectáculos. Cada disciplina tiene sus reglas y estándares. Es recomendable averiguarlos antes de recortar o rasurar al equino antes del espectáculo. El **rasurado** usualmente requiere que su caballo permanezca parado inmóvil por dos horas o más tiempo. El querrá moverse o ir a su establo a revolcarse. Después del rasurado pase una toalla tibia a todo el cuerpo del caballo para quitar toda suciedad y pelos sueltos. Esto reducirá algunas líneas. Recompense a su caballo con algo o déjelo pastar.

**Recorte** - Las aéreas más comunes de recorte incluyen:

- *Brida:* una sección de la crin, justo detrás de las orejas, es recortada o afeitada con frecuencia. Por practicidad, esto permite a la brida sujetarse cómodamente en la frente, facilita el manejo el caballo.
- *Cara:* No hay casi necesidad de recortes en la cara, se hace principalmente por razones estéticas. El lugar más práctico para recortar es debajo de la quijada, para crear una apariencia más refinada y quitar el exceso de pelo que puede interferir con el ahogadero de la brida. Los bigotes del hocico son normalmente afeitados en Estados Unidos, aunque no tan a menudo en Europa. Debe notarse que el recorte de los pelos del bigote del hocico o de los ojos son un tema de poca controversia, pues se piensa que ayudan a prevenir heridas porque el caballo puede "sentir" cuando se acerca a un objeto.
- *Orejas:* El pelo en las orejas del caballo puede ser recortado, a veces por dentro y por fuera. La práctica de recortar el interior de las orejas es también controvertido, pues los pelos dentro de la oreja protegen el oído interior de la tierra e insectos. Cuándo las orejas son recortadas por dentro, a menudo se le pone al caballo una máscara de mosca con protección de oreja para reemplazar su protección natural.
- *Patas:* Los espolones pueden juntar una cantidad indeseable de barro, de suciedad y de erizos y pueden ser recortados por razones prácticas. La parte posterior de la caña inferior también es normalmente recortada de pelos largos. Para obtener un aspecto prolijo, la banda coronaria es recortada de los pequeños pelos que crecen en los bordes del casco.

\*\*

## CAPÍTULO 7:

**Recomendaciones para un buen desempeño en su trabajo**

*Para usted, personalmente*

1. ***Prepárese físicamente*** para esta tarea exigente. El heno, las carretillas y las cubetas de agua son pesadas y se tornan más pesadas a lo largo del día de trabajo.
2. ***Aprenda las reglas*** de la cuadra. Si le dicen que debe usar botas negras durante el trabajo, úselas.
3. ***Sepa lo que se espera de usted.*** ¿Usted creía que solo debía cepillar al caballo y limpiar su establo? Bueno, resulta que usted también tiene que barrer los pasillos, sacar a la yegua, alimentar a los gatos, cepillar a los dos caballos afuera y rastrillar la arena. Para evitar confusiones, pídale a su jefe que le dé una lista de las tareas que tiene que realizar y cuando debe hacerlas, por escrito.
4. ***Acompañe a un cuidador experimentado*** por un día (pida permiso, primero). De esta manera puede ver cómo se hacen las cosas, como por ejemplo, dónde se tiran los excrementos, con qué frecuencia se limpian los establos, dónde va cada caballo, y cómo funcionan los portones. Pretenda que es su primer día.
5. ***Preséntese a horario.*** Los cuidadores que llegan tarde no son confiables y en consecuencia, son despedidos. ¿Duerme pesado? Consígase un reloj despertador
6. ***Vístase en forma apropiada.*** Jeans o breeches cómodos, a prueba de agua, botas apropiadas, una camisa de un solo color, y un par de guantes adecuados para el trabajo. Use una gorra de beisbol, si es apropiada para la cuadra y el clima. No use alhajas, solo un reloj y mantenga su cabello prolijo, fuera de la cara.
7. ***No beba***, fume o mastique tabaco durante el trabajo. No se tatúe ni se perfore el cuerpo, salvo para usar aros. No use su cabello multicolor.
8. ***Sea optimista***; nadie quiere una persona depresiva alrededor de su cuadra.
9. ***Dúchese*** con frecuencia ya que el excremento, la tierra, la basura, el aserrín, se meten por todos lados. Además, después de un día en la cuadra, usted no olerá agradablemente.
10. ***Sea detallista.*** Cuando le piden que barra los pasillos, hágalo prolijamente y por complete.
11. ***Sea eficiente:*** haga su trabajo bien, pero rápido.
12. ***Sea honesto.*** Si no sabe como limpiar el miembro de un caballo, dígaselo a su jefe
13. ***Conozca*** sobre el manejo del caballo y de la cuadra. Esto le beneficiará en su trabajo, haciéndolo más fácil y estresándolo menos. Cuando alguien le haga alguna pregunta, usted sentirá confianza al contestarla.

14. *Sea amable*, ayude a quien lo necesite. Salude, pregunte los nombres, y diga algo amable cuando pase a su lado.
15. *Haga lo mejor que pueda*; si lo hace de corazón, seguramente saldrá algo bueno
16. Compre un *BUEN desodorante*; lo necesitará.
17. *No use botas y ropa sucia* **para** trabajar. Límpielas con frecuencia.
18. *Use* pantalla solar, gorra y gafas si está muy soleado.
19. *Conozca* a las personas y los caballos por su nombre. No llame: ¡eh, tú!
20. Preferentemente, *no mastique.*
21. *Aprenda* el vocabulario en inglés o el idioma local.

*Para el cuidado del los caballos y el establo*
1. *Desinfecte* todo aquello que tenga gérmenes, especialmente si el caballo está enfermo. No es divertido tener una cuadra llena de equinos enfermos.
2. *Después* que una persona terminó de montar, discretamente *verifique* que el caballo haya sido relajado/enfriado correctamente. De no ser así, delicadamente sugiera hacerlo o dígaselo al encargado. Un caballo caliente puede tener cólicos.
3. *Reporte* inmediatamente. todo caballo enfermo o que parezca enfermo.
4. *Aprenda* a utilizar los elementos de primeros auxilios ya que puede salvar la vida de un caballo y eventualmente, también la suya.
5. *Coméntele* al encargado si ve algún jinete abusivo. Sea amable y discreto. No dé falsas alarmas.
6. *No cambie* la estación de radio ni el volumen.
7. *Lleve* siempre un celular para usar en caso de emergencias. Asegúrese que esté encendido y con carga. No haga llamadas o envíe mensajes personales en el trabajo.
8. *Sea amable* con los sentimientos ajenos. No discuta opiniones. Evite las peleas.
9. *Aprenda* los procedimientos de emergencia para la cuadra. Haga una lista: en caso de incendio, de huracanes, etc.

\*\*

**CAPÍTULO 8:**
**Partes del cuerpo del caballo**

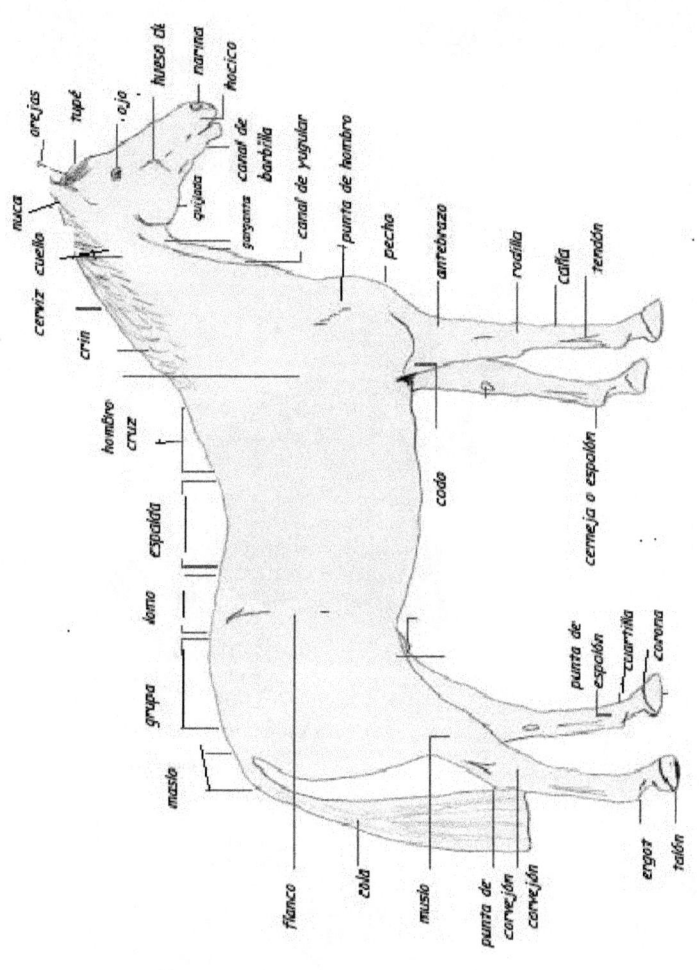

# BILINGUAL WORLD CORP

**Translations to Spanish
All type of documents**

**Traducciones al Español
Todo tipo de documentos**
bilingualworldcontact@gmail.com

www.ingramcontent.com/pod-product-compliance
Lightning Source LLC
Chambersburg PA
CBHW072037060426
42449CB00010BA/2303